© 2020 Christian Hofmann

Herstellung und Verlag: BoD - Books on Demand, Norderstedt

ISBN: 978-3-7526-2846-3

Diesen Band einfach mal lesen.
Inne gehen und sacken lassen.

Liebe Leserinnen und liebe Leser,

dieses Buch „Achtung! Lyrik einer anderen Art – It's the true life, bietet Gedichte und Reime, die wahrlich aus dem Leben sind.

Keine schönen Umschreibungen, sondern genau in aller Härte, wie das Leben sie schreibt.

Christian Hofmann

Inhaltsverzeichnis

Schwarzer Regen
Schulweg
1998 H7a
Geritzt
Wie stehen die Sterne?
Kinn zum Knie
Verdammt
It's the true life
Traurigschön
Wenn ich erwach
Unzufriedenheit und Traurigkeit
Dunkle Seite des Mondes
Das Herz es brennt
Am Bahnhofsplatz
Durch den Feuersturm
Bruch und Trümmer
Politik- und Wirtschaftssystem
Dunkelziffer
Fressen auf des Soldatenleben

Böses Märchen

Es ist ein Mädchen aus dem
Märchenland
In dem sie ein Zuhause und ihre
Zuflucht fand
Den Weg dorthin, den hat sie nie verraten
Niemand konnte es betreten
Denn der Schlüssel der dort nur passt
Den hat sie ganz tief in ihrem Innern begraben

Waren die Tage
So kalt wie das Eis
Und ihr Schmerz so tief
Von dem keiner weiß
So floh sie wie immer
In jeder Nacht
In ihr Märchenland, für keinen zu sehen
Sie hat es sich erdacht

Und im Märchenland dort –
Fallen die Tränen
Die den Schein des Lächelns
Ihrem Gesicht frei nehmen
Sie weint ganz fürchterlich
Ihren bitteren Schmerz
Doch niemandem vertraut sie sich an
Der Schlüssel bleibt verborgen, tief in ihrem Herz

Dort draußen in der Welt
Trägt sie Scham und Pein
Das Lächeln am Tage ist ihr Schein
Nachts voller Tränen, tritt sie in ihr Märchenland
dann ein

Depression

Er quält sich so durch den Tag
Wie es in ihm ausschaut, was er nicht sagen mag
Alle reden, und sie reden ihm gut zu
Er schweigt stumm, sein Mund bleibt zu

Sein Kopf ist voller Geister
Die dort spuken und Dämonen
Die an seinen Gedanken reißen
Die Welt da draußen ist mit seiner drinnen
Gar nicht zu vergleichen

Da draußen blühen Blumen
In warmen Sonnenfeldern
Bei ihm werden schon viel früher –
Als erst im Winter die Tage kälter!

Schmerzerfülltes Seelenleid
Todes-Freund, vertrauter Feind
Schattenjäger, düstere Wälder
Angst und Grauen, es wird nie älter

Es ist der Schmerz und auch die Wut
Der Puls er rast und es kocht das Blut
Schmerz und Wut, treiben an sein Werk
Es schlägt die Ader, bis zum Verderb

Wut und Leid, formen die Nacht
Er sitzt hier und schreibt, wieder voller Pracht
Es wird aggressiv, wenn man es nicht beachtet
Es wühlt ihn auf, hält ihn so wach

Der Schmerz gelenkt vom Leid
Harte Zeilen, die das Leiden verlangt zu schreiben
Es pocht darauf, es will bestehen
Aggressiv und penetrant, soll man es in seinen
Werken sehen!

Schmerz
Schmerz - der gefühlt sein will
Schmerz
Die Brust betäubt, doch der Puls steht nicht still

Strick

Er hockt
In diesem Zimmer
Weit und breit kein
Hoffnungsschimmer

Erloschen sind längst
Seine beiden Augen
Kann nicht mehr an
Das Gute glauben

In die Leere
Rückt sein Blick
Der Stuhl er kippt
Und der Kopf ist im Strick

Den Tod haben sie
Ihm nun erbracht
Er folgte dieser Stimme
Der ach so, dunklen Macht

Frei vom Schmerz
Vom Leid und von Pein
Trete ein – trete ein
Hier wirst du erlöst sein

Todesschrei

Die Politik schürt
Meinen ganzen Hass
Zu meinem Leid
Feiern sie ihren Spaß

Deren Vergnügen
Aufgebaut auf großen Lügen

Sie verarschen und
Sie verheizen uns
Wie Ebenholz –
Im Feuer brennt die Kunst

Sie gedenken wirklich
Ich bin eine Marionette
Ich bin kein Glied
In deren Kette

Das Leben ist ein Wettbewerb
Eine lange Warterei
Bis zum Ende
Bis zum Todesschrei

Zündschnur

All der Hass und auch
Diese Wut in mir
Gleicht dem Dynamit
Zum Explodieren

Die Geduld ist nur –
Eine kurze Zündschnur
Und wenn es WUMMS macht
Dann wünschen sich alle nur

Hätt' die Bombe
Doch einen Tick getackt
Hätten wir die Flucht
Womöglich noch gepackt

Doch so zerfetzt
Und so verletzt –
Sich Haut und Knochen
Herz und Seele sind gebrochen

Zündschnur
Ein Gedanke ein nur

Kurzer Moment
Klein der Augenblick
Die Lunte brennt
Und es macht *klick*

WUMMS!
WUMMS!

WUMMS!

Jetzt aber flott, aber flott
Haha-haha-haha
Elend, Trauer, Schmerz
Geht hin zum Schafott

So zerfetzt
Und ganz gar verletzt –
Sich Haut und Knochen
Herz und Seele sind gebrochen

Radau

Sie poltern herum
Machen einen Radau
Krach im ganzen Gang
Provozieren, treiben in den Untergang

Dämonen und die Fratzen
Der Depressionen
Auch wenn man Feuer legt
Man wird sie nicht bekommen!

Und mir brennt es heiß
Mein Blut das kocht
Und es treibt vor Wut
Mir in den Nacken kalten Schweiß

Alles brennt hier lichterloh
Gottverdammt der Teufel
Scheißt hier in das Klo
Ich verliere mich, im Nirgendwo!

Und die Geister und Phantome
Schwirren in dem Raum umher
Die Dämonen und Depressionen
Machen echt das ganze Leben schwer

Stacheldrähte

Sie wendet ab den Blick
Schüchtern zu Boden
Die Liebe zu ihm
Sie ist strikt verboten

Geteilt in verschiedene Zonen
Doch eigentlich
Den gleichen Bezirk
Die beiden doch bewohnen

Es ist 1945
Stacheldrähte hindern sie
Grausamkeit und Tod in der Luft
Doch man sagt die Liebe, sie stirbt nie!
Der Krieg ist in vollem Gang
Trennt Mensch und Kind
Nur weil so ein Vollidiot
Seinen Machtzwang an den Tag bringt

Holocaust, Vergasung, Vernichtung
Alles gewesen, Teil der Geschichte
Dies ist zum Gedenken –
Um die Lebenden zu richten

Dies ist Mahnmal
Für die Zeit – „es war einmal"
Achtet und hütet euch
Nie wieder Krieg! Besinnt euch!

Sein Herz

Es war einmal
Vor langer Zeit
So begannen die Märchen
Und auch die Geschichten einst

So auch bei ihm
Nur am Ende kein Happy End
Denn in seinem Märchen
Ist es nicht die Hexe, die dann brennt

Schlechte Manieren
Hat er nicht besessen
Er war ein Junge
Wohl nur vom Glück vergessen
Wenige Freunde
Um ihn warb niemand
Einsam und verlassen
Seine Seele, Glück das er nie fand

Eines Tages getrieben
Von all seinem Kummer und Schmerz
Wollte er seinem Leben das Ende setzen
Nach seiner Tat, schlug nicht mehr sein Herz

So viele Jahre ist er schon gegangen
Doch die Schuld trugen viele andere
Er ging fort und die Menschen wissen um ihn
Rosen die nur noch sein Grab verzier'n

Schachfeld

Diese ganze Welt
Ist ein großes Schachfeld

Zug um Zug
Dies immerzu
Es fällt ein Bauernopfer
Wo stehst du!?

Die spielen mit uns
Wie mit Schachfiguren
Macht und Besitz ergreifen
Liegt in des Menschen Natur

Sie verderben diese Welt
Mit Hungersnot und Seelen leiden
Fällt wieder einer zu Boden
Spielen sie mit dessen Eingeweide

Ergötzen und erfreuen sich
Wenn wieder ein den Löffel abgibt
So perfide und erbärmlich
Wie der Mensch sich zu Menschenzeit hier gibt

Terror, Krieg, man schürt den Hass
Er läuft über wie ein Pulverfass
Und wenn die erste Bombe fällt
Ziehen wieder welche in erster Reihe auf das Feld!

Diktator

Voller Scherben, voller Trümmer
Ist bedeckt sein ganzer Weg
Ungeliebt und verstört
Zur Umkehr ist es lägst zu spät

Weil er es im Leben
Nun mal nicht besser weiß
Ist es Mann um Mann
Den er ins Verderben reißt

Krieg, Zerstörung und Unheil
Alles was er nur kennt
Zufrieden seine Lust gestillt
Wenn da draußen die ganze Welt dann brennt

Er fühlt waren Frieden
Wenn die Menschen sich bekriegen
Psychopath, er spielt sein Spiel
Erst zu Ende, wenn alles in Schutt und Asche liegt

Rückgrat

Er trägt ermüdet all die Last
Auf seinen Schultern
Sie schauen ihm lüstern zu
Während sie ihn foltern

Er ist am Ende
Und er kann nicht mehr
Seine Qual ist schwer wie Blei
Und die Schritte seines Weges ach so schwer

Doch sie erfreuen sich
Grinsend vor Freude stahlen
Rufen ihm noch heiter zu
In seinen schmerzerfüllten Qualen

Sie peitschen ihn nach vorn
Sie warten bis das Rückgrat bricht
Bis er wimmernd voller Tränen
-Gnade-; zu ihnen spricht!

Doch sie wollen ihn zerbrechen sehen
Bis die Zahnräder verkeilen und er fällt
Zuschauer sind allesamt versammelt
Die Soße spritzt, die Menge tobt in kranker Welt

Wilderei

Einst hat der Mensch
Gejagt das Wild
Zum Überleben
Den Hunger nur gestillt

Was wurde aus
Axt und Speer!?
Großes Fressen
Fleisches Lust seit jeher

Unsere Industrie
Fährt hoch die Produktion
Massenhaltung vom Tier
E-X-E-K-U-T-I-O-N

Wie ist es doch pervers
Eine ekelhafte Wilderei
Billigfleisch, es will ein Jeder
Also Kopf ab und Arsch, Geweih

Maschinen zerlegen und zerfetzen
Das arme Tier mit Haut und Knochen
Um zu fressen kommt dann jeder
Aus seinem Loch gekrochen!

Kein Entkommen

Ich sitze einsam und allein
Zu dunkler, später Abendstunde
Mein Herz und meine Seele
Finden einfach keine Ruhe
So lasse ich die Gedanken strömen
Energie setzt sich ich nun frei
Unbeugsam und unbequem
Unverstanden muss ich leben, es soll sein

Nachts plagen mich die Geister
Vor denen ich mich am Tag verstecke
In der Nacht gibt's kein Entkommen
Keine Sicherheit, sie sitzen allen Ecken

Ich bin in der Nacht
Wie immer im Gefecht mit ihnen
Wenn ich auch mal Vorsprung erlange
Sie lassen mich niemals in den Morgen ziehen

Erst wenn die Sonne wieder
Am Himmel oben leuchtet
Verschwinden die Geister
Wie ein Alarm der ihnen läutet
Denn am Tage ist ihnen so gewiss
Würde ich sie halten, stets in Schacht
Kein großer Kampf mehr auszutragen
Denn ich wäre der Sieger dieser Schlacht

Rosengarten

Sie sitzt dort ganz allein
Und ihr ist eisigkalt
Am warmen Sommertag
Obwohl der Herbst doch noch so karg

Sie sitzt allein auf dem
Goldenen Stuhl im Rosengarten
Der Blick ganz stur, die Stimme stumm
Als würde sie auf etwas warten

Mit goldverziert das Eingangstor
Edel ist der Schmuck um ihren Hals
Doch die Dornen der Rosen um sie herum
Wie eine Riesenschlange die mit der Zunge
schnalzt

Kein König, kein Ritter, kein Prinz
Konnte sich bisher ihr nähern
Nur umgeben von endlos roten Rosen
Und zugleich unerreichbar wie ein Stern

Doch worauf wartet sie!?
Nein, sie sagt es nie!
Worauf wartet sie!?
Ihr Mund der schweigt, man weiß es nie!

Allein sitzt sie im Rosengarten
Als würde sie auf etwas warten

Vom Leben losgekettet

Alle wussten um des Jungen Leid
Doch es nahm niemand für ihn Zeit
Aus der Einsamkeit wurde stiller Frust
Ausgegrenzt, es nahm ihm die Lebenslust

Diese Zeilen klingen hart
Doch alles was ich schreib' ist wahr
Ausgestoßen, fiel dem Mob zum Opfer
Den Freitod gewählt, zum Leid der Mutter

Aufgehangen am Strommast
Langsam nahm die Luft die Kraft
Fern dem Schmerz und dem Leid
Es fiel von ihm auf des Weges Stein

Keiner hat ihn gerettet
Jene Taten, des Peinigers
Haben ihn vom Leben losgekettet
Seelenheil, der Mörder bewegt sich still und leis

Viele Jahre liegt die Grausamkeit zurück
Doch am Grab, von vielen noch da der letzte Blick
Möge er auf der anderen Seite seinen Frieden
haben
Vergessen niemals, auch nicht in vielen Jahren

Wie oft quält es mich

Wie oft quält es mich
Dieses ganze Leben
Wie oft denke ich
Hat es mir nix mehr zu geben!?

Da waren harte Wege
Und Jap! Erst heute kam ich an
Und ich war allein denn –
Keiner war wie Christian!

Heute schauen mir
Ach doch so viele zu
Doch all die Narben die ich trage
Mit denen haben sie nix zu tun!

Ich sitze so oft wie jetzt
Mal wieder bis in die Nacht
Kloppe hier den nächsten Text
Wegen Ruhm und Erfolg, vergess' was du denkst!

Ich schaue so hoch ich kann
Mein Blick schweift in die Ferne
In die Freiheit, die Unendlichkeit
Zu all den schönen Sternen

Heut' bin ich geschlagen
Fall so in den nächsten Morgen
Und an dem stehe ich wieder auf!
Zerschlage alles, Hass und Wut
Kummer und alle meine Sorgen!

Jeder Gewinner muss mal unten liegen
Um wieder Kraft zu tanken
Dann geht's weiter, denn ans Aufgeben –
Verlieren Gewinner niemals ihre Gedanken!

Aufstehen! Fäuste raus!
Wieder in den Ring – Ring frei!
Kurzer Schlag, Kopf geschüttelt
Wieder volle Deckung, ganz dabei!

Jap! Leben – du trägst
Meine Zeit mit dir herum
Von mir gibt's ein Pardon
Ich schreibe bis zur Abrechnung!

Zur Arbeit

Dieses System ist so ausgelegt
Um den Menschen klein zu halten
Er soll nur funktionieren
Und sich gar nicht groß entfalten

Das ist weder Wunsch
Noch das Ziel zugleich
Er soll nur gehen so –
Wie ist gestellt das Gleis
Zur Arbeit gehen
So ermuntert und so froh
Zum Bezahlen von
Gas, Licht, Wasser, Miete und Strom

Der Mensch dient bloß
Als Mittel zum Zweck
Wirkt immer so bescheiden
Doch wühlt lediglich im Dreck
Erbärmlich und niederträchtig
Sind die Regeln dieses Spiels
Keine Option es zu verlassen
Keinen Platz an den man flieht

Auch dieser Text, er zählt –
Zur Verfassung hoher Kunst
Mehr als Schall und Rauch
Wir alle leben in diesem Dunst

Deutschland

Deutscher Boden
Deutscher Bund
Schwarz der Adler
Auf gelbem Grund

Schwarz, Rot, Gold
So ist die Fahne
Doch ich bin ein Gottes-Kind
Die ERDE ist meine Heimat

Wer sagt, dass ich deutsch bin!?
Ich bin ein Kind vom ganzen Erbe
Alle Flecken sie sind gleich
Wasser, Wälder und die Erde

Warum will der Mensch
Ein Land benennen
Ich bin „Deutschland"!?
Aber ICH habe keine Grenzen!

Tag der „Deutschen Einheit"
Recht auf Einigkeit und Freiheit
Wer sagt, dass ich deutsch bin!?
Nur weil, ich hier geboren bin!

Ich spreche die Sprache
Aller Welt
Sie öffnet Grenzen
Weil in mir der Frieden brennt!

Alle Farben! Sie sind –
Die, die Welt vereinen
Diese Erde musste abermals
Genug Kriege weinen

Rüttelt eure Vernunft
Und denkt und sprecht
Die Welt ist EINS
wir fühlen, wir sind echt!

Kaltzeit

Es brennt das Herz
Im Feuerschmerz
Das Blei – frisst sich
Durch Seel' und Leib

Opfer, Diener
Nur der starke Krieger
Ist am Ende
Auch der Sieger! „Ha"!

Kaltzeit
Kaltzeit
Kaltzeit, ganz weit –
Von aller Menschlichkeit

Kaltzeit
Schlachten hier
Und Gefechte da
Kalt der Krieg!

1 9 1 6
Abscheulichkeit
Der Mensch kein Mensch mehr
Sondern nur des Todes Schrei!
`Vierunddreißig erneut
Kaltzeit – nimmt das Leben wie Heu!
Tränen, Trümmer, Herzen zerrissen
Was hat der Mensch endlich begriffen!?!

Nächstenliebe

Wenn der Kummer an dir nagt
Dann füllt die Dunkelheit den Tag
Es ist das Herz, das zwar schlägt
Doch Seele und Gefühl, es wird zersägt
Wenn dein Herz so bitter weint
Und das Innere so hart wird wie der Stein
Du hast gelitten, Wertgefühl verfiel dem Raub der
Diebe
Schmerz und Trauer ist die wahre Nächstenliebe

Wen kümmert es hier schon groß
Wenn ein Herz zerbricht!?
Es berührt in keiner Weise
Solange es nicht das Eigene ist!
Meine Ansicht und meine Worte
Sie sind vielleicht radikal
Tut mir leid – keine Märchenzeit
Denn das hier ist real!

Der Mensch immer nur beschäftigt
Weil existieren das Tagesgeschäft ist
Mit lebenshohem Einsatz und geht's Tag für Tag
In die nächste Runde, immer tiefer in die Wunde!
Seelenschmerz und schwarzes Herz
Lichterloh niedergebrannt
Öffne die Augen, wenn man dir sagt
Komm und reiche mir deine Hand!

Freund oder Feind

Wenn die Freunde sind
Aber dann nur noch Freunde waren
Wie hoch ist der Wert –
Des Inhalts, dieser Jahre?

Von Zeit zu Zeit
Rechnet mein Inneres ab!
Verliert jede Bedeutung
Auch nur eine Kleinigkeit!

Stück um Stück
Ist es nicht viel
Doch bis irgendwann halt
Nichts mehr vom Ganzen übrig bleibt

Warum ich so ticke?
Ich habe keinen Schimmer
Doch, wenn du gehen willst –
Hau' bloß ab und dann für immer!

Mach mir den Platz
In meinem Umfeld
Ich habe die Besten
In meinem Kreise

Freunde erkenne ich
Dem Rest wünsche ich
Eine ganze Hand voll bis zum Rand voll
Portion Pferdescheiße

Willst mir nix mehr geben?
Aber bei mir ständig nehmen?
Ziehe Leine und verschwinde!
Wie die Sonne für den Regen!

Nix mehr zu sagen
Jede Erinnerung vergessen?
Das letzte Mal hast du –
Von meinem Teller mitgefressen!

Die letzte Liebe

Mein allerletzter Text
Über die Liebe
Weil da draußen keine mehr sind
Die solche Zeilen, auch nur annähernd verdienen!

Ich habe im Leben
Echt viel Mist gebaut!
Doch mich aus dem Loch geholt
Hat mich wahrlich doch nur eine Frau!

Doch ich bin dem Scheiß
Einfach zu tief ausgesetzt
Ich weiß, rein aus Vernunft
Ich muss gehen, weil ich ausgerechnet sie verletz!

Verdammte und
Verfickte Scheiße!
Alles was mich bedrückt
Schreibe ich auf, regele all den Rotz auf meine
Weise

Auch wenn's vorbei ist
Und ich nun getrennte Wege gehen muss
Aus unserer Liebe – wurde unsere Tochter
Auch wenn ich weg bin, bleibe an ihrer Seite doch
da!

Unsere Kleine wird immer
Der Teil unserer Zeit sein und bleiben
Vielleicht kommt eines Tages der Tag

An dem könnt ihr mir verzeihen!?
Ich habe einen harten Weg
Trage einen harten Kampf in mir aus
Der mich bis an die Lebenskraft bringt
Dennoch hoffe ich und wünsche ich
Dass, für die beiden lieben Menschen
Doch noch am Ende des Songs ein Happy End
erklingt!

Und wenn auch ohne mich
Dann mit jemandem –
Der das alles zu schätzen weiß
Und keiner wie ich
Der alles fetzt und kaputt macht
Und die ganze Welt zerreißt!

Ich lebe meine Wahrheit
Auch hier bin ich ohne Fassade
Ja verdammt! Es schmerzt und schreit
Ich kann nicht mehr, bitte verzeih' – ich versage!
Tut mir leid für ach so viele
Leere Versprechen
Man rutscht so in sie hinein
Sollte nie böse gemeint sein!

Gott, wenn du das liest
Wenn du mich jetzt hörst
Ich bitte um deine Gnade
Zu meiner Schandtat
Ich trage die Schuld bis zu meinem letzten Tag
Ich trage sie mit zu Grabe!

Schwarzer Regen

Was soll ich noch dagegen schreiben?
All mein Leid steht in den Reimen
Mein Leben ist somit verfasst –
Ich habe gelitten, geliebt, gehasst!

Der Kummer drückt mich
An allen Tagen
Ich wünsche, doch ich
Kann nichts anderes sagen

Es zittert und es kribbelt
In Herz, Leib und Seele
Der Schmerz treibt mir
Brennend Sod in meine Kehle!

Mir brennt so sehr
Doch jede Wunde
So tief bis unten
In den letzten Grund

Mir ist mein Leben
Doch nicht egal
Doch manche meiner Tage
Sind für mich die reinste Qual

Es gibt kein Entrinnen
Und auch kein Entkommen
Es sind harte Schmerzen
Sie haben mich bezwungen, so gewonnen!

Ich schreibe ich hier
Wahrlich keine schönen Zeilen
Denn ich fühle Wunden-Brand
Ich werde nie gesund, niemals heilen!

Verdammt! Ich will gesund sein
Schwarzer Regen fällt
Verdammt! Ich will gesund sein
In einer dunklen Welt

Was bin ich, was soll ich sein!?
Wer bin ich, wer will ich sein!?
Ich bin doch ich und ich –
Nenne mich, somit ganz mein!

Schwarzer Regen
Schwarzer Regen fällt
Schwarzer Regen in
Einer dunklen Welt!

Schulweg

Ich erinnere mich
Weil es nie vergeht
Das kleine Kind
Auf seinem Schulweg!

Jede Fahrt im Bus
Voller Angst, doch es muss –
Zur Schule gehen
Gehänselt und gemobbt, wieder Nachhause gehen

Wouh!
In der Kindheit ging viel verloren
Im Feuer einst gebrannt
Und in der Flamme wiedergeboren
Wouh!
Heute trage ich scharfe Worte
Die Sprach meine Wehr
Gegen die asoziale Sorte!

Ich wurde gehänselt
Ausgestoßen, ausgegrenzt
Du verlierst die Angst vorm Feuer
Wenn du einmal niederbrennst!

Wouh!
In der Kindheit voller Angst und Schrecken
Im Feuer einst gebrannt
Vor den Flammen kannst du nicht verstecken!

Es war ein Tag
Wie er so täglich war
Die Fahrt zur Schule
Die reinste Höllenqual

Sachen weggenommen
Entwendet, bestohlen, hingenommen
Ich war zu ruhig und wollte Frieden
Dachte irgendwann, lassen sie mich links liegen!

Doch es ging, so jahrelang
Ich erinnere mich so gut daran
Ich fürchte mich nicht, dies aufzuschreiben
Denn es ließ mich wachsen und zu dem nun
reifen!

Harte Schulzeit
Du liegst zurück, so lang und weit
Würdest du heute noch mal sein
Sei gewiss, das wäre meine Spielzeit!

So wahr es ist
So wahr es war
So ist alles – was einst geschah
So wahr es wahr ist!

Nun Geschichte, nun vorbei
1998 bis 2001!!!

Geritzt

Ich erinnere mich zurück
So langsam kommen die Bilder Stück für Stück
Sie war die Neue in der Klasse
Doch auch zu ihr, mein Anschluss den ich
verpasste
Sie war so schüchtern
Und doch irgendwie besonders laut-stumm
Saß in der letzten Reihe
Hin und wieder drehte ich mich zu ihr um

Sie war die Neue und
Kam von weiter her
Ohne Vater nur mit Schwester
Zog sie in die Gegend her
Sie erzählte nicht sehr viel
So oft wohl zog sie schon umher
Doch da war etwas –
Dass mir sofort an ihr auffiel!

Sie war ein Mädchen
Getrieben, wechselhaft der Wohnsitz
Ich schaute in ihre Augen
Und die Arme, zeigte sie mir – sie hatte sich
geritzt!
So trug sie Trauer und Wunden
Tief im Innern mit sich mit
Sie war kein halbes Jahr in der Klasse
Als die Mutter ging, und sie nahm sie wieder mit!

Wie stehen die Sterne?

Es war nur dieser eine Tag
Der traf sie bitter, wie ein Schlag
Sackte in die Knie
Weinend und verzweifelt –
Fragt sie sich, warum ausgerechnet sie?

Das Schicksal, fragt nicht nach
Weder Rang oder Name
Weder Zahl oder, nach der Bare
Es schlägt einfach zu, so wie der Blitz –
Ins Stromnetz ein!

Der Mann hat sie betrogen und verlassen
Das Kind wendet sich ab, wird sie hassen
Familientragödie, Schmerz und Leid!
Ein dummer Satz, Wunden heilt die Zeit!

Sie hockt alleine nun im Zimmer
Räumt nun aus, Sack und Pack
Die Zukunft hat hier keinen Hoffnungsschimmer
Einsam und allein, reißt sie die Brücken ab!

Und in der Nacht allein, da fragt sie sich

Wie stehen die Sterne?
Liegt das Glück tief in der Nacht verborgen
Ersticke ich oder entkomme ich
Aus den Nöten, Ängsten, dem Unheil, allen
Sorgen!?

Der Mann ist fort
Das Kind scheinbar verloren
Ein Schlag in ihr Gesicht
Haut und Herz sind eingefroren

Ohne Halt und ohne ein Wort
Weil sie es erstmal begreifen muss
Geht sie raus, schreit alles aus –
Alles beginnt nun neu, nach dem Ende nach dem
Schluss

Kinn zum Knie

Der Kopf gesenkt
Kinn zum Knie
Er ist geknickt
S-c-h-m-e-r-z-gefühl

Kein Ende hat ihm
So wehgetan wie jetzt
Außer Kontrolle
Denn nicht nur er ist verletzt

Mit jedem Neuanfang
Stirbt ein anderer Teil des Lebens dann
Traurig und so unfassbar begreiflich
Luft am Schnappen, hastig, eifrig

Und das Kinn
Fällt in die Knie
Schmerzerfüllt, schreit er
-Bitte verzeihe mir-!

Die Last drückt ihn
Wahrlich in den Grund so tief
Selbstverletzt
Ins Fleisch geschnitten, ach so tief!

Verdammt

Ich gehe jetzt in mich
Zerreiße und zerpflücke mich
Für das, was ich zerstört habe
Muss ich büßen und nun leiden
Schande über mir nun –
Und für alle Zeiten
Ich zerreiße und zerreiße
Doch kriege nicht die letzte Seite!

Bitte Gott verzeih
Es scheint als ob ich nun verdammt sei!
Ich fühle, lebe, leide
Doch was ich zerstörte, gibt's nicht zu verzeihen!

Warum hat nicht wer aufgepasst
Oder ist es zu feige dies zu sagen!?
Dass ich für alles doch selbst
Schaden und Schande trage!

Ich habe sie enttäuscht
Doch glaube mir bitte
Keinen Moment aus dieser Zeit
Habe ich für mich bereut!

Beschütze und behüte sie
Mach dafür was du willst mit mir!

It's the true life

Ich war nie ein Freund von
Jack und Jim
Bevor ich Probleme ersaufe
Schreibe ich 1000 Seiten auf dem Laptop hin

Ich weiß um den Kult
Vom Jack aus Tennessee
Doch ganz ehrlich, beim ersten Schluck fast
gekotzt
Hinterlasse lieber Christian's big lyrics legacy

Und ganz ehrlich
Bei uns im Lande gibt's ein X und ein V +
Zu mehr Buchstaben bin ich, als die im Stande
Die zapfen bloß nur Stuss! Haha!

Saufen
Ist nie die Lösung
Macht in der Summe unterm Strich
Nur alles viel schlimmer!

Ich stehe wieder auf
Mein Schriftzug lautet:
- JA, SEHR VIEL VERLOREN,
DOCH EIN NEUBEGINNER! –

Scheiß auf Wo „de"ka
Und auch den Jäger, Meister
Scheiße gebaut, vielleicht überschätzt

Aber immer meiner Stimme und auf mein Herz
vertraut
Immer war ich da
Immer stand ich ein
Man kann sagen was man will von mir!
Doch feige!? War ich es!? Ach vergiss und
schweig!

Wen ich jetzt kritisiere!?
mich SELBST!
Denn ich richte über mich
Habe das Recht dazu schon längst!

Nehme mich jetzt
Hier selbst in die Mangel
Der Fisch, 5. März
Hängt nun an der Angel!

Und ich zappel'
Denn ich will zurück ins Meer
Ich beiße die Leine durch
Mein Leben ist seit über 30 Jahren schwer!

Dies hier übersteigt
Jeden meiner Texte
Denkmal, Monument –
Christian IBDIB – der einzig Echte!

Das hier ist mein Erbe
Lyrik die bleibt, länger als ich auf dieser Erde!
Jeden Tag frage ich mich;

„Warum frage ich mich, wieso immer nach dem Sinn"!?

Der Sinn!?
Vielleicht ist er
Dass ich, irgendwann mal
Unvergessen bin!?

Das ist wieder mal
Ein Blog an Gott
Denn kein Mensch
Kennt eine Lösung, keine Antwort

Bei all dem Shit
Bei allem Mist
Christian, march, 5
It's the true life!

Blog an Gott
Danke dass ich sein kann wie ich bin
Wo ist das Ziel, worin steckt
In diesem Leben denn der Lebenssinn!?

Blog an Gott
IBDIB – Amen!

IBDIB
= Ich bin der ich bin
(aus meiner Texter-Zeit 2017 – 2018)

Traurigschön

An manchen Tagen
Könnte ich diese Welt umarmen
Und an anderen Tagen
Könnte ich mich innerlich vergraben

Bin ein Teil der Welt
Wo ich wohl hingehöre
Doch warum – bin ich oft
Was ich liebe, am Zerstören?

Diese Zeilen sie klingen
Ich weiß, so traurigschön
Grau die Seele, schwarz die Bilder
Weit weg von wunderschön

Trauer und Einsamkeit
Sie brachten mich schon Jahre weit
Traurigschön, so traurigschön –
Unvorstellbar anzusehen!

Das alles ist real
Es ist alles Fakt
Viel Gepäck ist eine Last, darum habe ich auch –
Nie die Koffer so vollgepackt!

Wenn ich erwach

Jeden Morgen, wenn ich erwach
Drückt es mir auf der Brust
Und ich fühle mich dann so alt
Und auch so schwach!

Ein seltsam
Erschwerender Schmerz
Sticht und pocht auch –
Auf dem Herz!

Gedanken ziehen durch meinen Schädel
Ohne Pause und ohne Ende
Und ich sitze dann und schreibe
All der Beklemmung wegen
Ich schreibe wahrlich echt –
Um mein Leben!

Wenn ich alleine bin
So ganz für mich
Ist mir das Leben
Und der Tod so bewusst

Der Beginn und auch das Ende
Und dass jeder Tag, der letzte
Im Leben sein kann –
Dagegenzuhalten, komme ich
Auf Dauer nicht an!

Wenn Gott will
Dann geht's in ein neues Jahr
Frische, neue Lyrik –
So hoffe ich, ich lasse die hämmernden und
Einschlagenden Gedanken mal zurück!

Wieder mal ein Jahr vorbei
Doch im Ernst, ich fühl es mal nicht!

Jetzt in diesem Moment
Sitze ich hier wieder einmal allein
Vertieft in Zeile –
In das Wort und in den Reim

Ich würde gern mal reden
Doch zum Reden, ist nicht wirklich jemand hier
Aber, hey! Druck und Beklemmung –
Die ich gerade nicht mehr so spür'

Sehen und warten
Was der Tag so bringt
Welches Lied er denn so
Für heute mir bestimmt!?

Beladen mit Gedanken und Emotionen
Und mit Sorgen inklusive natürlich mit
Problemen
Einzig doch der Trost, es wird irgendwie
Ja! – schon irgendwie weitergehen!

Unzufriedenheit und Traurigkeit

Unzufriedenheit und Traurigkeit
Haben sich ganz tief in mir vereint
Mein Leben ist –
Wie ich es doch nicht wollt'

Rede nicht von
Silber, oder Platin
Auch nicht vom
Verdammten Gold!

Nein!
Nur gesund, soll meine Seele sein!

Ich brauche im Leben
Doch wirklich nicht viel
Nur wenig Wünsche, kleines Ziel
Mein eigenes kleines Paradies!

Warum bin ich bloß
Immer so depressiv!?
In meinem Leben lief
Vieles doch sehr schief!

Ich kann nicht anders –
Fühlen, denken oder schreiben
Denn ich habe Seelenschmerz
Und er ist am Leiden!

Leben wollen
Wie ich es so gern würde
Gelingt nicht so
In dieser Welt!

Bei den kleinen Träumen
Und den Wünschen
Es fehlt wie immer
Allzu oft am verfickten Geld!

Wenn ich könnte
Wie ich wollte
Wäre mein Leben
Wie es sein sollte!

Tonstudio und
Musikalben
Schreiben, Bühnen
Mich gestalten!

Dunkle Seite des Mondes

Unbeschwert zu leben
Alles andere als leicht in Depri-Phase
Kommt und geht auch wieder, ich weiß
Trotzdem trostlos diese Lebenslage

Das ist wie aufstehen am Morgen
Auf der dunklen Seite des Mondes
Sonnenaufgang in der Nacht
Sehe das rote Leuchten des Mondes

Das ist wie das Paradies
Im verpackten Folienzustand
Willst sie entfernen doch –
Fest verschlossen am Schweißrand

Unberührtes Leben
Schon am Vergehen
Dabei hat es nicht einmal
Die Sonne nur annähernd gesehen!

Es ist wie auf der
Dunklen Seite des Mondes
Leben beginnen, Leben enden
Was nutzen die schönsten Wellen, an leeren
Stränden?

Das Herz es brennt

Das Herz es brennt
Die Seele steht in Flammen
Das Wandeln am Abgrund
Die Kunst nicht in die Tiefe zu fallen

Schmerz auf der Brust
Getrieben von einer Sehnsucht
Die Sehnsucht nach Liebe und Licht
Jeden Abend, wenn die Dunkelheit einbricht

Es ist keine wahre Liebe
Die sie abbekommt
Sondern nur ihr Körper
Der wird so gern gewollt

Immer muss sie sich ergeben
Weit entfernt vom wahren Leben
Er dressiert, sie kassiert –
Er zählt und sie pariert!

Ihr Leid, ihr Schmerz
Ihre allnächtliche Qual
Bringt ihm die Kasse
Er rechnet ab, mit hoher Zahl!

Am Bahnhofsplatz

An diesem Bahnhofsplatz habe ich gesessen
Die Zeit gewartet bis zum Treffen
Neben mich setzte sich –
Ein Mann mit Bart und Reisetasche, alles was er
hatte

Seine Kapuze tief ins Gesicht gezogen
Er sprach mich an und fragte dann
Ob ich einen Euro hätte!? Oder einen Platz zum
Betten
Er sei ausgestoßen und ohne Zigaretten

Der arme Mann erzählte dann
Er ist ohne Bleibe und erlebte skurrile Dinge
Von Verschleppung und Stromschlägen
Und von seinem Kopf in der Schlinge!

Der Mann er tat mir wirklich leid
Ohne Heimat und nicht viel dabei
Seine Kleidung war zerfleddert
Die Geschichte, sein Leben total verblättert

Leid und Schmerz stand in seinem Gesicht
Ich gab ihm 5 Euro, sagte alles Gute, nimm sie mit
Solche Schicksale, sie bewegen mich auf Schritt
und Tritt
So viel in unserer Gesellschaft ist echter Shit!

Durch den Feuersturm

Nur ich allein kann mich verstehen
Was ich sehe, kann keiner sehen
Men Leben eine Katastrophe
Horrortext, die letzte Strophe

Alles hinter mir, es liegt
In Schutt und Asche
Muss durch den Feuersturm
Mir entfällt das Lachen

Schmerzen stechen tief in der Brust
Verzweiflung bindet sich mit Frust
Ich will raus, will es so sehr!
Doch das Entkommen, wird so schwer!

Heiß das Feuer
Und die Wunde, ja sie brennt
Vertraut ist all der Schmerz
Den meine Seele doch längst kennt

Wo geht's hin
Es verschmiert und schwindet der Plan
Wo bin ich jetzt!?
Was habe ich getan – was habe ich getan!?

Bruch und Trümmer

Bruch und Trümmer
Schmerz für immer
Er hält die ewige Treue
Wie die Taufe im Feuer

Die schwerste Zeit in meinem Leben
Auf der Matratze am Boden, in jener Nacht
gelegen
Finanziell längst der Ruin
Mit Pech beschmückter Rubin!

Viel Kohle im Leben verloren
Mein Leben in den Sand gesetzt
Finanziell längst schon gearscht!
Mein Inneres ist total zerfetzt!
Schwer fällt mir das Leichteste in diesen Tagen
Bruch und Trümmer sind Teile des Lebens
Bevor man Gold bekommt, muss man viel
ertragen
Geschenkt gibt's nix, wie sehr du dich auch
bemühst!

Es sind die härtesten Tage wohl
In meinem ganzen Leben
Doch wer kennt dies nicht!?
Tage die einen so lange schon bewohnen!

Kaputt gespielt von Menschen und Gesellschaft
Von Regeln und Befehlen
Bruch und Trümmer
Sind und bleiben Teile unserer Leben

Politik- und Wirtschaftssystem

Arbeitslos, Ehe vorm Aus, Scherbenhaufen
Tragödien dieser Welt, so kann es laufen
Gewollt, probiert, gekämpft, gefallen
Vaterstaat stutz in diesem Leben die Krallen!

Politik- und Wirtschaftssystem
Ausgeliefert, darfst du nun untergehen!
Der letzte Halm an dem du hangelst, er bricht
Dein Fleiß und deine Ehre!? Interessiert hier nicht!

Du bist etwas, wenn du im Zahnrad drehst
Packst du es nicht, wird Geldhahn zugedreht!
Arbeitslos, Miete hoch, schon geht die Scheiße los!
Wen kümmert es? Geht doch nur um die da oben
bloß!

Politik, Riesenfick! Regierung und die Korruption
Wer betrügt kommt weiter, wer schlägt, besetzt'n
Thron
Spott und Häme, ausgesetzt dem Mob und Hohn
Einmal im Monat gibt's den Hungerlohn!

Die Gesellschaft schwimmt in schwarzer Zahl
Reiche Ficker, laufen durch das Kapi-Tal
Sie wollen noch Me(e)hr und Se(e)hen
Kommt wer in die Quere, dann killt den Wal!

Dunkelziffer

Arbeitslose
Infizierte
Todesfälle
Suizidgefährdete
Suizidäre Tragödien
Selbstmordraten
Statistikfusch
Klabautermann und Piraten

Goldene Schüsse
Dunkelziffer
Drogenmissbrauch
Kokser, Fixer, Kiffer
Psychopathen
Pharmazeutika
Bunte Pillen
Jehovas Zeugen

Apokalypse
Weltuntergang
Hungersnot und Armut
Welt und ihr Gang
2012 Ende der Welt
Wieder mal längst drüber
Neues Datum
Es wird wohl schon erstellt

Fressen auf des Soldatenleben

Soldaten werden
In den Einsatz geschickt
Während längst die Bombe –
Doch schon tickt

Der Diktator, Der Feldheer
Er speist genüsslich am Tisch
Währenddessen
Werden hunderte Leben ausgelöscht

Die Kriegstreiber
Tragen fette, feige Leiber
Fressen auf des Soldatenleben
Fleisch und Leber

Rohes Fleisch und
Knochen schlabbern sie ab
Gewehre durchgeladen *Schuss*
Wieder macht es knack

Mit falschem Stolz
Und verräterischer Rede
Schickt man sie fort
In erklärte Kriegsgebiete!

Autor des Buches **Christian Hofmann,** der Autor bezeichnet sich selbst als einen Gesellschaftskritiker und greift gerne auf Lyrik zu mit Inhalten des Alltags, der Gesellschaft, des Zeitgeschehens.

Geboren wurde er am 05.03.1986 in Biedenkopf, bei Marburg an der Lahn.

Weitere Werke:

Entgegen der Zeit – Buchserie (19 Bände bis dato)
Stand 10.2020
Erschienen sind die Werke bei
BOOKS ON DEMAND

Erhältlich im Buchhandel oder im Onlineshop